Schritte
international NEU 5+6
Niveau B1

Deutsch als Fremdsprache
**Prüfungsheft Zertifikat B1
mit Audios online
Deutschprüfung für Erwachsene**

Brigitte Schaefer
Frauke van der Werff

Hueber Verlag

Quellenverzeichnis:
Cover © Thinkstock/iStock/LuckyBusiness
Bildredaktion: Iciar Caso, Hueber Verlag, München

Der Verlag weist ausdrücklich darauf hin, dass im Text enthaltene externe Links vom Verlag nur bis zum Zeitpunkt der Buchveröffentlichung eingesehen werden konnten. Auf spätere Veränderungen hat der Verlag keinerlei Einfluss. Eine Haftung des Verlags ist daher ausgeschlossen.

Das Werk und seine Teile sind urheberrechtlich geschützt. Jede Verwertung in anderen als den gesetzlich zugelassenen Fällen bedarf deshalb der vorherigen schriftlichen Einwilligung des Verlags.

Eingetragene Warenzeichen oder Marken sind Eigentum des jeweiligen Zeichen- bzw. Markeninhabers, auch dann, wenn diese nicht gekennzeichnet sind. Es ist jedoch zu beachten, dass weder das Vorhandensein noch das Fehlen derartiger Kennzeichnungen die Rechtslage hinsichtlich dieser gewerblichen Schutzrechte berührt.

3.	2.	1.		Die letzten Ziffern
2023	22	21	20 19	bezeichnen Zahl und Jahr des Druckes.

Alle Drucke dieser Auflage können, da unverändert, nebeneinander benutzt werden.
1. Auflage
© 2019 Hueber Verlag GmbH & Co. KG, München, Deutschland
Umschlaggestaltung: Sieveking · Agentur für Kommunikation, München
Layout und Satz: Sieveking · Agentur für Kommunikation, München
Verlagsredaktion: Andreas Tomaszewski, Hueber Verlag, München
Druck und Bindung: Passavia Druckservice GmbH & Co. KG, Passau
Printed in Germany
ISBN 978–3–19–051086–3

Inhalt

Allgemeine Hinweise zu den Prüfungen 4

Prüfungsaufgaben
Lesen 1 7
Lesen 2 9
Lesen 3 12
Lesen 4 14
Lesen 5 16
Antwortbogen Lesen 18

Hören 1 19
Hören 2 21
Hören 3 22
Hören 4 23
Antwortbogen Hören 25

Schreiben 1 26
Schreiben 2 27
Schreiben 3 28

Sprechen 1 29
Sprechen 2 30
Sprechen 3 32

Transkriptionen 33

(Hörtexte als Download unter www.hueber.de/schritte-international-neu)

Lösungen 37

Redemittel für *Sprechen 3* (Präsentation) 40

Allgemeine Hinweise zu den Prüfungen

Mit diesem Übungsmaterial können Sie

- feststellen, was genau in den Prüfungen *Zertifikat B1* verlangt wird,
- sich selbst testen und Ihren Leistungsstand einschätzen,
- sich mithilfe von Tipps gezielt auf die Prüfungen vorbereiten.

Auf der Niveaustufe B1 können Sie vier Prüfungen ablegen:

- **Lesen**
- **Hören**
- **Schreiben**
- **Sprechen**

Sie können die Prüfungen zusammen oder einzeln ablegen.
Die Prüfungen werden unabhängig voneinander bewertet.
In jeder Prüfung müssen Sie 60 % der Punkte erreichen.

	Teil		Punkte	Minuten
Lesen	1	Erzählender Text	Insgesamt 100	65
	2	Zeitungstexte		
	3	Anzeigen		
	4	Leserbriefe		
	5	Anleitungstext (z. B. Hausordnung)		
Hören	1	Ansagetexte	Insgesamt 100	35 + 5 für den Antwortbogen
	2	Vortrag		
	3	Gespräch		
	4	Diskussion im Radio		
Schreiben	1	E-Mail	40	60
	2	Diskussionsbeitrag	40	
	3	E-Mail	20	
Sprechen	1	Gemeinsam etwas planen (Interaktion)	Insgesamt 100	15 für zwei Teilnehmende
	2	Ein Thema präsentieren (Präsentation)		
	3	Über ein Thema sprechen (Interaktion)		

Allgemeine Hinweise zu den Prüfungen

Lesen

Die Prüfung dauert circa 65 Minuten. In dieser Prüfung lesen Sie 22 verschiedene Texte und lösen dazu 30 Aufgaben. Bei jeder Aufgabe müssen Sie etwas ankreuzen. Die Texte sind unterschiedlich lang.
Sie haben die Prüfung bestanden, wenn Sie 18 Aufgaben (60 Prozent) richtig lösen, also 60 Punkte erreichen.

Hören

Die Prüfung dauert circa 35 Minuten. In dieser Prüfung hören Sie 9 verschiedene Texte und lösen dazu 30 Aufgaben. Bei jeder Aufgabe müssen Sie etwas ankreuzen. Es gibt kürzere und längere Texte. Sieben Texte hören Sie zweimal, zwei Texte hören Sie nur einmal.
Sie haben die Prüfung bestanden, wenn Sie 18 Aufgaben (60 Prozent) richtig lösen, also 60 Punkte erreichen.

Schreiben

Die Prüfung dauert circa 60 Minuten. In dieser Prüfung schreiben Sie drei verschiedene Texte: eine informelle E-Mail an einen Freund, eine halbformelle E-Mail und einen Diskussionsbeitrag.
Die Prüfenden bewerten Ihre Leistung nach einem festgelegten Bewertungssystem.

Die Bewertungskriterien sind u. a.:
- Wie gut und vollständig erfüllen Sie die Aufgaben?
- Wie groß ist Ihr Wortschatz?
- Wie gut beherrschen Sie die grammatischen Strukturen?

Sie haben die Prüfung bestanden, wenn Sie 60 Punkte (60 Prozent) erreichen.

Sprechen

Die Prüfung dauert circa 15 Minuten für zwei Teilnehmende. Sie sollen in der Prüfung drei Aufgaben bearbeiten: Sie planen gemeinsam mit dem Partner / der Partnerin eine Aktivität, Sie tragen eine Präsentation vor, Sie stellen Fragen an Ihren Partner / Ihre Partnerin und antworten auf Fragen.

Sie haben vor der Prüfung 15 Minuten Vorbereitungszeit. Sie bekommen Aufgabenblätter zu den drei Prüfungsteilen und können sich Notizen machen. In der Prüfung sollen Sie nicht vom Blatt ablesen, sondern frei sprechen.
Die Prüfenden bewerten Ihre Leistung nach einem festgelegten Bewertungssystem.

Die Bewertungskriterien sind u. a.:
- Wie gut und vollständig erfüllen Sie die Aufgaben?
- Wie groß ist Ihr Wortschatz?
- Wie gut beherrschen Sie die grammatischen Strukturen?

Sie haben die Prüfung bestanden, wenn Sie 60 Punkte (60 Prozent) erreichen.

Allgemeine Hinweise zu den Prüfungen

Ergebnisse

Das Zeugnis bescheinigt, welche Prüfungen Sie auf der Niveaustufe B1 bestanden haben, und weist zu jeder Prüfung die erreichte Punktzahl aus.

So sieht der Antwortbogen aus:

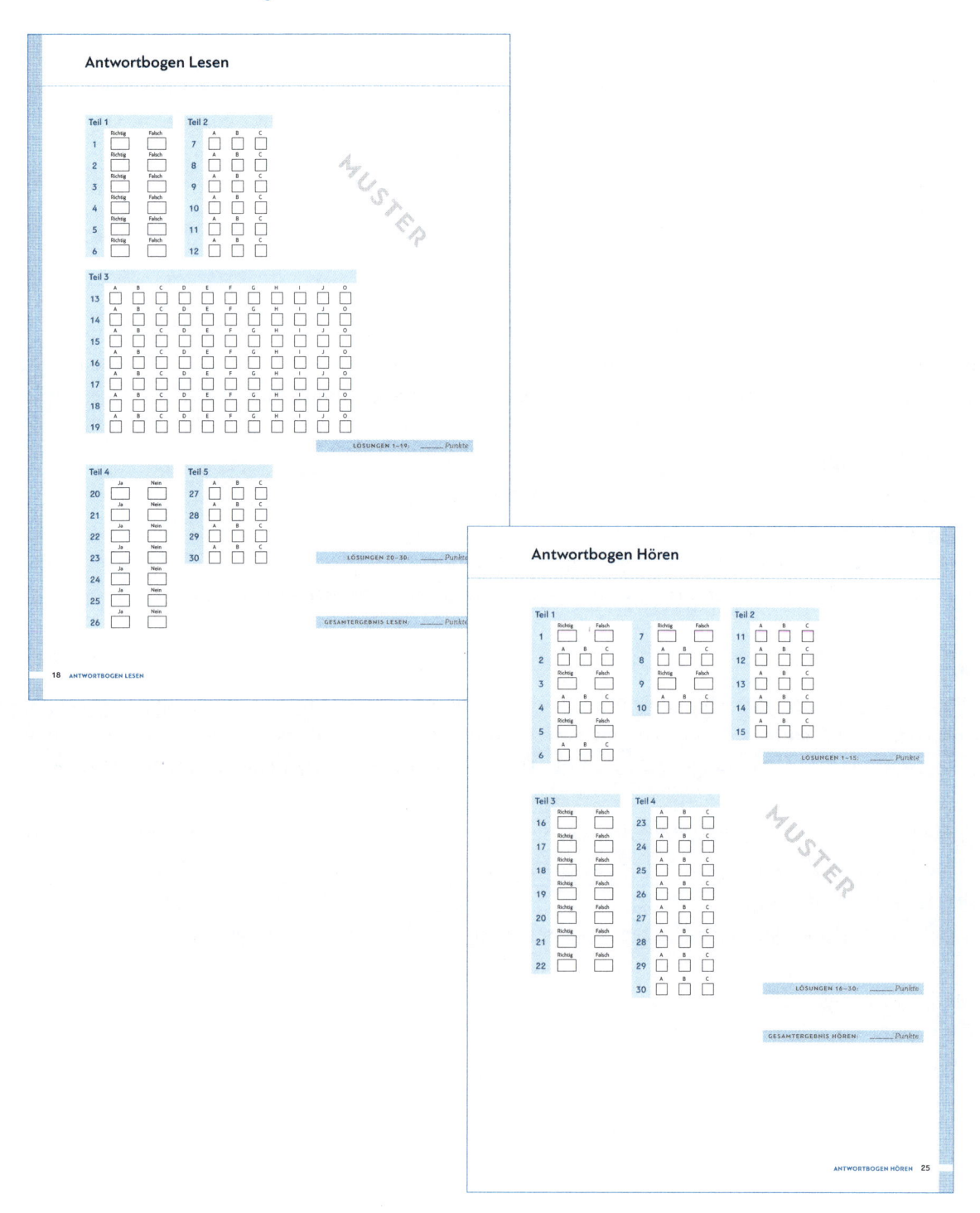

Lesen

Die Prüfung *Zertifikat B1 Lesen* enthält fünf Teile und dauert 65 Minuten.
Sie lesen in den fünf Prüfungsaufgaben 22 verschiedene Texte und sollen dazu 30 Fragen beantworten. Ihre Antwort ist immer ein Kreuz, Sie müssen also keine Wörter oder Sätze schreiben. Es gibt immer nur eine richtige Lösung.
Arbeiten Sie zuerst auf dem Aufgabenblatt. Am Ende übertragen Sie innerhalb der Prüfungszeit alle Kreuze auf den Antwortbogen. So haben Sie noch einmal die Möglichkeit zum Korrigieren.

LESEN 1

Sie lesen einen längeren Text, in dem etwas erzählt wird, z. B. einen Blog. Dazu lösen Sie sechs Aufgaben. Sie sollen zeigen, dass Sie die Geschichte verstanden haben.

Arbeitszeit: 10 Minuten

TIPP 1   Nur der Inhalt ist wichtig.
Lesen Sie zuerst die Geschichte, kümmern Sie sich nicht um schwierige Wörter.
Konzentrieren Sie sich nur auf den Inhalt: Was ist da passiert?
Wenn Sie die Geschichte verstanden haben, beantworten Sie die Fragen.

TIPP 2   Die Reihenfolge beachten
Der Blog-Schreiber erzählt seine Geschichte in einer bestimmten Reihenfolge.
Die Aufgaben stehen auch in der Reihenfolge der Geschichte.
Die Lösung für die Aufgabe 6 kann also nicht am Anfang der Geschichte stehen!

....

Lesen Sie den Text und die Aufgaben 1 bis 6 dazu.
Wählen Sie: Sind die Aussagen Richtig oder Falsch?

VviansAlltagsBlog.ch

Freitag, 13. Juni

Ich gehöre nicht zu den Leuten, die am Freitag, dem 13. keinen Fuß vor die Tür setzen, weil sie glauben, dass so ein Datum nur Unglück bringen kann. Im Gegenteil, meistens weiß ich gar nicht, welches Datum wir gerade haben. So bin ich auch heute Morgen fröhlich und optimistisch aufgestanden, habe schnell geduscht und bin dann runtergegangen in unsere kleine Kochecke, um die Kaffeemaschine anzustellen. Da habe ich entdeckt, dass kein Kaffee mehr da war. Offenbar hatte meine Mitbewohnerin am Abend vorher den letzten Kaffee mit ihren Freundinnen verbraucht. „Gut", habe ich gedacht, „davon lasse ich mir den Tag nicht verderben, ich kann mir auf dem Weg ins Büro einen Cappuccino kaufen. Und vielleicht nehme ich auch noch ein Stück Kuchen mit, für die Pause." Also bin ich losgegangen, ohne etwas zu essen, d. h. ich war ungefähr fünf Minuten früher als sonst. Und trotzdem habe ich den Bus verpasst! Das ist eigentlich gar nicht möglich, es ist auch nur passiert, weil ich Georg getroffen habe. Wir hatten uns lange nicht gesehen und da haben wir eben ein bisschen geredet und ich habe ihm noch meine Handynummer gegeben – und genau in dem Moment fuhr der Bus vorbei. Als ich zur Haltestelle rannte, rief Georg: „Weißt du, was für ein Datum heute ist?" Da wusste ich es also: Freitag, der 13., der Unglückstag. Und genauso ist es dann auch weitergegangen: Mit dem Milchkaffee habe ich mir einen Fleck auf die Bluse gemacht, ich bin zu spät ins Büro gekommen, meine Kollegin war krank und das Telefon klingelte pausenlos.

Lesen

Als endlich die Mittagspause kam, war ich so müde und ärgerlich, dass ich niemanden mehr sehen wollte. Ich bin nicht in die Kantine zum Essen gegangen, sondern habe die Straßenbahn zum Einkaufszentrum in der Gartenstraße genommen. In der Kaschmir-Boutique habe ich einen wunderbaren rosa Pullover gesehen, es war Liebe auf den ersten Blick! Natürlich habe ich noch ein bisschen überlegt und gerechnet. Einerseits konnte ich ja nicht den ganzen Tag mit der Kaffee-Fleck-Bluse rumlaufen, andererseits war der Pulli ziemlich teuer und ich habe in diesem Monat schon zu viel Geld ausgegeben. Ich hatte das Gefühl, dass ich für die Entscheidung etwas mehr Zeit brauchte. Deshalb bin ich ohne den Pulli ins Büro zurückgefahren, um in Ruhe über den Kauf nachzudenken. Ich habe später dann noch mit meiner Freundin telefoniert und schließlich war ich wirklich überzeugt, dass dies noch ein wunderbarer Tag werden könnte: Wir wollten uns nach der Arbeit im Biergarten treffen und ich würde den rosa Pullover anziehen.
Es kam, wie es kommen musste: Mein Pullover war schon weg! Irgendeine andere Frau hatte ihn einfach gekauft! Ich bin mit meiner alten Bluse in den Biergarten gegangen und um halb sieben fing es an zu regnen. Eines ist sicher: Wenn demnächst noch mal der 13. auf einen Freitag fällt, dann bleibe ich mit einem guten Buch zu Hause!

Bis morgen, eure Vivian

Beispiel:

0 Vivian fühlte sich beim Aufstehen gut.   ~~Richtig~~ Falsch

1 Vivian hat zu Hause gefrühstückt.   Richtig Falsch

2 Auf dem Weg ins Büro ist Vivians Kleidung schmutzig geworden.   Richtig Falsch

3 Ihre Kollegin war ärgerlich, weil sie zu spät kam.   Richtig Falsch

4 In der Mittagspause ist sie mit ihrer Freundin einkaufen gegangen.   Richtig Falsch

5 Mit dem Einkauf hat es am Ende nicht geklappt, weil eine andere Person schneller war.   Richtig Falsch

6 Nach der Arbeit ist sie nach Hause gefahren, weil das Wetter so schlecht war.   Richtig Falsch

Lesen

LESEN 2

Sie lesen zwei kurze Zeitungsartikel. Diese enthalten verschiedene Informationen.
Zu jedem Text gibt es drei Aufgaben. Sie sollen zeigen, dass Sie das Thema und
die wichtigen Informationen richtig verstanden haben.

Arbeitszeit: 20 Minuten

TIPP 1   Erst das Thema verstehen, dann Einzelheiten suchen

Lesen Sie zuerst den ganzen Artikel. Überlegen Sie: Worum geht es in diesem Text?
Damit lösen Sie die Aufgabe 1.
Danach suchen Sie für die beiden anderen Aufgaben die Antworten im Text.

TIPP 2   Die Aufgaben genau lesen

Unterstreichen Sie in der Aufgabe die wichtigen Wörter. Suchen Sie im Text die Informationen
zu der Aufgabe.
Achtung: Im Text werden andere Wörter benutzt als in der Aufgabe!

Lesen Sie den Text aus der Presse und die Aufgaben 7 bis 9 dazu.
Wählen Sie bei jeder Aufgabe die richtige Lösung a, b oder c.

Wenn Schulen geprüft werden

Seit einigen Jahren gibt es nicht nur Mathematik- und Englischtests, sondern auch Tests für Schulen. Der Unterricht, die Schulleitung, der Freizeitbereich, die Fortbildung der Lehrer – alle Schulen werden geprüft und bewertet.

Es ist 8.00 Uhr an der Karl-Benz-Schule in Berlin. Vier Schulinspektoren stellen sich im Sekretariat vor; sie sind gekommen, um die Schule zu bewerten. Dieser Termin ist lange vorbereitet worden: Die Schulleitung weiß seit drei Monaten, dass heute die Schulinspektion stattfindet; die Inspektoren haben alle Informationen über die Karl-Benz-Schule bekommen. Es handelt sich um eine ganz normale Sekundarschule im Süden der Stadt, kein sozialer Brennpunkt. 350 Schüler von der siebten bis zur zehnten Klasse, der Anteil an Migranten ist normal. Um 8.30 Uhr betreten die vier Inspektoren den Raum 107, es handelt sich um die Klasse 7a, eine Deutschstunde. Auf den Bewertungsbögen der Inspektoren stehen 15 Kriterien: Beginnt die Stunde pünktlich? Wird das Ziel der Stunde erklärt? Ist die Struktur des Unterrichts klar erkennbar? Welche Methoden verwendet der Lehrer? Sind die Schüler motiviert? usw. Zur Beantwortung dieser Fragen haben die Inspektoren 20 Minuten Zeit, dann müssen sie die Klasse 7a verlassen und ihre Notizen vergleichen, um zu einer gemeinsamen Bewertung zu kommen.
Die Inspektoren bleiben drei Tage an der Schule und beobachten 40 Unterrichtsstunden. Nach drei Tagen stellt sich heraus, dass es an dieser Schule genauso ist, wie es in vielen Inspektionsberichten steht: Die Qualität des Unterrichts hängt nicht von der Schulform ab, nicht vom Bildungsprogramm und nicht vom Stadtteil. Es kommt immer auf den einzelnen Lehrer an – und da kann man als Schüler Glück haben oder man hat kein Glück.

aus einer deutschen Zeitung

Lesen

Beispiel:

0 Die Karl-Benz-Schule ...

a ist eine Problemschule.
b soll im nächsten Jahr geschlossen werden.
☒ steht in Berlin.

7 Die Schule wird geprüft, weil ...

a man die Qualität des Unterrichts beurteilen will.
b die Schüler besondere Schwierigkeiten haben.
c die Schulleitung einen Antrag gestellt hat.

8 Die Prüfer ...

a nehmen aktiv am Unterricht teil.
b bewerten zwanzig verschiedene Lehrer.
c müssen zu jeder Stunde, die sie besuchen, viele verschiedene Fragen beantworten.

9 Am Ende steht im Bericht der Prüfer, dass ...

a die Schüler mehr lernen, wenn sie im Unterricht aktiv sind.
b Schulen mit vielen nicht-deutschen Schülern große Probleme haben.
c nur der Lehrer dafür sorgen kann, dass die Schüler gut lernen.

Lesen

LESEN 2

Lesen Sie den Text aus der Presse und die Aufgaben 10 bis 12 dazu.
Wählen Sie bei jeder Aufgabe die richtige Lösung a, b oder c.

AUSTAUSCH EINMAL ANDERS

Junge Leute aus Entwicklungsländern kommen nach Deutschland und sind überrascht von dem, was sie sehen.

Nie hätte er gedacht, dass in Deutschland so viele Leute auf dem Lande leben. Jaime Romero aus Ecuador hatte sich immer vorgestellt, dass in Deutschland die meisten Menschen in Städten wohnen, wie Berlin oder München. Jetzt arbeitet er auf einem Bauernhof in Niedersachsen.

Jaime ist 25 Jahre alt und kommt aus Baeza, einem kleinen Städtchen im Regenwald von Ecuador. Er macht gerade die gleiche Erfahrung wie viele junge Deutsche, die nach Südamerika gehen, um dort ein freiwilliges soziales Jahr abzuleisten. Sie müssen die fremde Sprache lernen, sie verstehen die fremden Gewohnheiten nicht, sie vertragen das fremde Essen nicht.

Das ist bei Jaime nicht anders: Er ist der Vertreter einer Gegenbewegung. Es gibt bisher nicht viele Südamerikaner, die nach Deutschland kommen, um hier Erfahrungen zu sammeln. Das „Incoming-Program" versucht, Menschen aus Afrika, Südamerika oder Asien nach Europa zu holen, damit sie sehen, wie die Menschen hier wirklich leben. Bis jetzt sind noch nicht sehr viele gekommen.

Jaime Romero fand das Angebot durch einen Zufall im Internet: „Freiwillige für Deutschland gesucht". In seiner Bewerbung erzählte er, dass er an einer Fern-Universität Architektur studiert hat, dass er sich bei Bauprojekten in seiner Stadt engagiert und dass er gern ein freiwilliges soziales Jahr in Deutschland machen wollte. Jetzt arbeitet er mit jungen Deutschen auf einem Bio-Bauernhof, bekommt 250 Euro Taschengeld und versucht, möglichst schnell Deutsch zu lernen.

aus einer deutschen Zeitung

10 In diesem Text geht es darum, dass ...
   a junge Ausländer etwas über Landwirtschaft lernen.
   b junge Deutsche fremde Länder kennenlernen.
   c die Austauschprogramme nicht nur in eine Richtung gehen sollen.

11 Jaime Romero ...
   a hat in Ecuador viele junge Deutsche getroffen.
   b hat an einem Fern-Kurs Deutsch teilgenommen.
   c hat zufällig von dem Austauschprogramm erfahren.

12 Im freiwilligen sozialen Jahr in Deutschland ...
   a sollen die jungen Leute einen Beruf lernen.
   b verdient man nicht viel Geld.
   c muss man gute Deutschkenntnisse haben.

Lesen

LESEN 3

Sie lesen 10 Anzeigen aus Zeitungen, Zeitschriften oder aus dem Internet.
Zu diesen Anzeigen gibt es acht Situationen: z. B. suchen verschiedene Personen
eine Wohnung, einen Sprachkurs, eine Aktivität am Wochenende usw.
Nur eine der Anzeigen passt jeweils zu einer der Situationen.
Für eine Situation gibt es keine Anzeige.

Arbeitszeit: 10 Minuten

TIPP 1 **Die Aufgaben genau lesen**
Lesen Sie zuerst die Situationen. Unterstreichen Sie die wichtigen Wörter. Suchen Sie dann
die Anzeigen, die zu den Situationen passen.

TIPP 2 **Eigene Reihenfolge aufstellen**
Bearbeiten Sie zuerst die Situationen, die Sie einfach finden. Streichen Sie die Anzeigen,
die Sie schon verwendet haben, durch.
Denken Sie daran: Für eine Situation gibt es keine Lösung.

TIPP 3 **Jedes Detail ist wichtig**
Lesen Sie das Beispiel: <u>geliebtes altes Auto</u>, <u>tagsüber arbeitet er</u>. Anzeige A und H könnten
passen, aber bei A passt die Arbeitszeit nicht.
Streichen Sie Anzeige H durch, die können Sie nicht mehr verwenden.

....

Lesen Sie die Situationen 13 bis 19 und die Anzeigen A bis J aus verschiedenen
deutschsprachigen Medien.
Wählen Sie: Welche Anzeige passt zu welcher Situation? Sie können **jede Anzeige nur
einmal verwenden**. Die Anzeige aus dem Beispiel können Sie nicht mehr verwenden.
Für eine Situation gibt es **keine passende Anzeige**. In diesem Fall schreiben Sie **O**.

Beispiel:

0 Johannes M. braucht Geld, um sein geliebtes altes Auto reparieren zu lassen.
Tagsüber arbeitet er in der Stadtbibliothek. Anzeige: _h_

13 Georg S. schreibt an seiner Examensarbeit. Er sucht einen Teilzeitjob, Anzeige: ____
bei dem er nicht drinnen arbeiten muss. Er hat einen Führerschein.

14 Susan B. hat in Hamburg einen Deutschkurs gemacht. Bevor sie an die Anzeige: ____
Universität geht, sucht sie einen Job, bei dem sie noch weiterlernen
kann, vielleicht in einem Hotel.

15 Miriam C. hat gerade ein sechsmonatiges Praktikum bei einer Anzeige: ____
Illustrierten beendet. Sie möchte gern in der Werbung arbeiten.

Lesen

16 Alba R. ist Spanierin. Sie hat bisher spanische Sprachlernprogramme für den Computer entwickelt. Jetzt möchte sie lieber mit Menschen arbeiten. Anzeige: _____

17 David W. hat gerade das Informatik-Studium beendet. Er möchte gern eine lange Reise machen, dafür muss er in den nächsten Monaten möglichst viel Geld verdienen. Anzeige: _____

18 Michaela M. will nicht immer zu Hause sitzen. Sie sucht einen einfachen Job, für den man nicht viel lernen muss. Sie möchte zwanzig Stunden pro Woche arbeiten. Anzeige: _____

19 Christian S. ist seit zwei Monaten Rentner, früher war er Deutschlehrer. Jetzt sucht er eine Beschäftigung, die ihm Spaß macht. Anzeige: _____

A **PAKETZUSTELLER GESUCHT**
Wir sind ein führendes Unternehmen auf dem Dienstleitungs-Sektor. Unsere Service-Teams sind täglich von 8.00 bis 17.00 Uhr unterwegs. Sie bestimmen selbst, wie viele Stunden Sie arbeiten wollen.
Bewerbungen an: info@paket-eildienst.de

B **Postkarten-Verlag sucht Mitarbeiter/-in**
Wir sind ein Verlag für Postkarten und Geschenkartikel. Wir suchen eine/n Mitarbeiter/-in für die Abteilung *Vertrieb und Öffentlichkeit*. Sie sollen dafür sorgen, dass unser Verlag in der Öffentlichkeit besser bekannt wird.
Infos: www.postkarten.u.a.de

C **Junge Mitarbeiter/-innen für Verkauf und Beratung gesucht (Vollzeit)**
Wir erwarten:
- Sehr gute PC-Kenntnisse
- Großes Engagement
- Bereitschaft zu reisen

Wir bieten:
Sehr gutes Gehalt, hoch bezahlte Extra-Aufträge.
Infos unter: www.pc-online-service.ch

D **Wir suchen Telefonisten/Telefonistinnen**
Unser Angebot: **14 Euro pro Stunde**.
Arbeitszeit: mindestens 30 Stunden pro Woche.
Wenn Sie eine angenehme Telefonstimme haben und zwischen 20 und 40 Jahre alt sind, sollten Sie sich bei uns melden.
Tel: 0800 4328845

E Praktikumsplätze in den besten **Hotels in Österreich**
Praktische Arbeit mit 3 – 6-monatigem Studienprogramm in Deutsch, Hotelfach und Gastronomie. Voraussetzung: Abitur oder abgeschlossene Berufsausbildung, Sie bekommen Unterkunft und Taschengeld.
Bewerbung an: Hotelfachschule Salzburg

F **Arbeiten von zu Hause**
Sie haben einen guten Computer? Sie beherrschen die wichtigsten Schreibprogramme? Sie können pro Woche 20 Stunden für uns arbeiten? Guter Verdienst!
Tel: 0161 7849223

G **Sprachschule Kanitzer**
sucht *erfahrene Lehrkräfte für Englisch und Spanisch.*
Arbeitszeit: 40 Stunden
Kurszeiten: 8.00 – 20.00 Uhr,
Niveaustufen A1 – C2.
Bewerbungen an: office@sprachschule.kanitzer.at

H Im Nebenjob **Taxi fahren?**
- Sie haben einen Führerschein?
- Sie fahren gern große Autos?
- Sie arbeiten auch abends und am Wochenende?

Wir bieten Ihnen einen guten Verdienst.
Rufen Sie an: 0170 6543320

I Stadtteil-Zeitung sucht **ehrenamtliche Journalisten/-innen**
Wenn Sie gern längere Texte schreiben, wenn Sie sich für Ihren Stadtteil interessieren, wenn Sie neugierig auf neue Erfahrungen sind, wenn Sie ohne Bezahlung mit uns arbeiten wollen –
Dann rufen Sie uns an: 87500442

J **GRANDHOTEL am Genfer See** sucht **Fachkräfte**
Wir erwarten: Berufserfahrung
Ausgezeichnete Sprachkenntnisse (Französisch, Englisch, Deutsch, gern auch Russisch)
Wir bieten: Spitzengehalt, Festanstellung
Bewerbung an: schneider@grandhotel-du-lac.ch

Lesen

LESEN 4

Sie lesen acht kurze Leserbriefe. Verschiedene Personen äußern ihre Meinung zu einem Artikel, den Sie in einer Zeitschrift gelesen haben. In dem Artikel geht es um ein Thema aus dem öffentlichen Leben: die Energiepolitik, der Schulunterricht, Bio-Lebensmittel usw. Zu jedem Leserbrief beantworten Sie die Frage: Ist der Briefschreiber für oder gegen den Artikel?

Arbeitszeit: 15 Minuten

TIPP   Schlüsselwörter finden

Unterstreichen Sie in jedem Text die Wörter, die eine Meinung für oder gegen den Artikel ausdrücken. Im Beispiel gibt es Ausdrücke für ein Verbot: <u>nein,</u> das ist es <u>nicht</u>, wird <u>schlimmer</u>, wir müssen <u>verhindern</u>, <u>zum Spaß herumfliegen</u>.

....

Lesen Sie die Texte 20 bis 26. Wählen Sie: Ist die Person für ein Verbot?

In einer Zeitschrift lesen Sie Kommentare zu einem Artikel über das Verbot von besonders billigen Flugreisen.

Beispiel:

0 Julius   [~~Ja~~] [Nein]

20	Caroline	Ja	Nein	24	Gaby	Ja	Nein
21	Johannes	Ja	Nein	25	Marius	Ja	Nein
22	Nina	Ja	Nein	26	Kay	Ja	Nein
23	Christian	Ja	Nein				

Beispiel:

0

Natürlich ist es lustig, mit ein paar Freunden für ein Wochenende nach Mallorca zu fliegen. Aber ist es auch notwendig oder sinnvoll? Nein, das ist es nicht! Die Verschmutzung unserer Umwelt wird jeden Tag schlimmer. Jeder von uns weiß, wie stark die Flugzeuge die CO_2-Belastung vergrößern. Wir müssen verhindern, dass immer mehr Flugzeuge zum Spaß herumfliegen!

Julius, 67, St. Anton (Schweiz)

20

Ich kann gut verstehen, warum immer mehr Menschen ein Verbot der Billigflieger verlangen. Wenn man heute auf irgendeinen Flughafen kommt und all die Menschen sieht, die dort Schlange stehen und auf den Abflug warten, dann hat man wirklich das Gefühl, in einer irrealen Welt zu leben. Warum soll man nach New York zum Einkaufen fliegen? Ich bin sicher, dass viele Leute zu Hause bleiben würden, wenn die Tickets wieder teurer werden. Und das wäre auf jeden Fall ein kleiner Erfolg!

Caroline, 28, Wismar

Lesen

21

Für ein paar Euros kann man heute quer durch Europa fliegen, zum Feiern nach Berlin, zum Baden nach Antalya, zum Shoppen nach London. Dass dadurch die Umweltverschmutzung kräftig zunimmt, scheint niemanden zu stören. Die meisten Menschen nehmen heute das Flugzeug genauso einfach, wie sie in einen Zug steigen. Ich glaube nicht, dass man diese Entwicklung noch stoppen kann. Verbote nützen nichts! Wir müssen alle akzeptieren, dass wir in einer globalen Welt leben.

Johannes, 56, Leipzig

22

Reisen ist mein Hobby. Ich bin gern unterwegs und treffe fremde Menschen. Ich möchte fremde Länder sehen, am liebsten würde ich durch die ganze Welt fahren. Da müsste ich ja eine begeisterte Benutzerin der Billigflieger sein, aber so ist es nicht. Die Interkontinental-Flüge sind nicht preisgünstig. Und wann immer es möglich ist, fahre ich mit dem Zug, weil das viel interessanter ist. Ich finde, dass alle das tun sollten. Es ist falsch, dass der Flug von Berlin nach München billiger ist als die Zugfahrt. Das kann man doch ändern!

Nina, 44, Bad Homburg

23

Glaubt wirklich jemand, dass unsere Umwelt sauberer wird, wenn man die Billigflieger verbietet? Das würde überhaupt nichts nützen. Es geht ja gar nicht um die paar Touristen, die nach London oder nach Dubai fliegen. Die meisten Flugzeuge transportieren Personen und Waren, die aus geschäftlichen Gründen unterwegs sind. Unsere Wirtschaft ist darauf angewiesen, dass Menschen und Produkte schnell und billig von Ort zu Ort kommen.

Christian, 26, Hamburg

24

Viele Leute denken, dass es besser wäre, wenn nicht so viele Touristen in der Welt herumfliegen würden. Früher konnten nur die reichen Leute auf Reisen gehen, alle anderen Menschen mussten zu Hause bleiben, weil sie nicht genug Geld für Schiffsreisen oder Hotels hatten. Ich finde es wunderbar, dass wir heute auch mit wenig Geld die ganze Welt sehen können. Gerade für junge Leute ist es wichtig, dass sie neue Erfahrungen machen können.

Gaby, 18, Pinneberg

25

Wenn wir uns wirklich dafür interessieren, dass unsere Kinder in einer sauberen Welt leben sollen, dann müssen wir jetzt einige wichtige Maßnahmen ergreifen. Es geht nicht nur darum, die Atomkraftwerke zu schließen, wir müssen auch unseren Energieverbrauch einschränken und auf die totale Mobilität verzichten. Wenn das Reisen teuer ist, kann man eben nicht mehr zu jeder Zeit überall hinfahren. Und das Flugzeug nimmt man nur, wenn es wirklich nötig ist. Ich finde das völlig in Ordnung.

Marius, 47, Salzburg

26

Ich muss beruflich fast jeden Tag unterwegs sein. Deshalb gehöre ich natürlich in die Gruppe der Vielflieger und die Flughäfen sind mein Zuhause. Ich würde es sehr begrüßen, wenn nicht überall Millionen von Touristen den Verkehr behindern würden. Die Sicherheitskontrollen dauern stundenlang, weil einfach zu viele Menschen auf ihren Flug warten. Wenn die Flugreisen teurer wären, würden weniger Leute reisen? Ja, vielleicht, aber ich finde das nicht richtig. Mit Gesetzen und Verboten kann man die Welt nicht verbessern.

Kay, 33, Luzern

Lesen

LESEN 5

Sie lesen einen Text mit Anweisungen und Verboten, z. B. die Hausordnung in einer Schule, die Bibliotheksordnung in der Stadtbücherei usw.
Dazu lösen Sie vier Aufgaben. Sie sollen zeigen, dass Sie die Anweisungen richtig verstanden haben.

Arbeitszeit: 10 Minuten

TIPP 1   Schwierige Wörter ignorieren

Auch wenn Sie einige Wörter im Text nicht verstehen, können Sie die Aufgaben lösen.
Sie verstehen die Informationen ohne diese Wörter.

Beispiel:

> Der *große Garten* ist täglich von 8.00 Uhr bis zum ▬▬▬▬ der Dunkelheit geöffnet; ▬▬▬▬ ist der Park den Fußgängern ▬▬▬▬.

Es fehlen die Wörter: *Einbruch, grundsätzlich, vorbehalten.*
Trotzdem verstehen Sie die wichtigsten Informationen:
- Der Park ist von morgens bis abends geöffnet.
- Der Park ist für Fußgänger, nicht für Fahrräder, Motorräder oder Autos.

TIPP 2   Die Überschriften beachten

Lesen Sie die Aufgaben und unterstreichen Sie die wichtigen Wörter.
Suchen Sie im Text den Abschnitt, der zu den Schlüsselwörtern passt.

....

Lesen Sie die Aufgaben 27 bis 30 und den Text dazu.
Wählen Sie bei jeder Aufgabe die richtige Lösung a, b oder c.

Sie lesen die Parkordnung in einer großen Parkanlage in Brandenburg.

27 Hunde darf man …
   a nicht in den Park bringen.
   b nicht im Park füttern.
   c nicht im Park herumlaufen lassen.

28 Im Winter …
   a ist der Park nicht geöffnet.
   b muss man auf den Wegen im Park vorsichtig sein.
   c kann man auf dem Eis spazieren gehen.

29 Im Sommer kann man …
   a auf der Wiese am See grillen.
   b im Park reiten.
   c mit dem Fahrrad durch den Park fahren.

16 LESEN

Lesen

30 Wenn man im Park Fotos machen will,
- a kann man das überall problemlos tun.
- b muss man einen Antrag stellen.
- c soll man sich an die Parkordnung halten.

PARKORDNUNG

Öffnungszeiten: Der *Große Garten* ist täglich von 8.00 Uhr bis zum Einbruch der Dunkelheit geöffnet. Das Betreten des Parks geschieht auf eigene Gefahr. Grundsätzlich ist der Park den Fußgängern vorbehalten.

Fahrzeuge: Es ist verboten, die Wege des Parks mit Fahrrädern, Motorrädern oder Fahrzeugen anderer Art zu befahren. Reiter werden gebeten, sich auf die ausgewiesenen Reitwege zu beschränken. Kinderfahrräder sind zugelassen, wenn die Kinder von Erwachsenen begleitet werden.

Spielen: Auf der großen Wiese am See sind Ball- und Laufspiele erlaubt. Dort kann man auch auf dem Rasen liegen oder im See baden.
In allen anderen Teilen des Parks sind Spiel und Sport nicht gestattet.

Tiere und Pflanzen: Spaziergänger werden gebeten, sich auf die Parkwege zu beschränken. Es ist verboten, Tiere zu jagen. Es ist verboten, Blumen oder Pflanzen zu beschädigen oder mitzunehmen. Das Mitbringen von Haustieren ist im Park nicht erwünscht. Hunde sind immer an der Leine zu führen. Die Tiere im Park (Eichhörnchen, Vögel, Enten und Schwäne) dürfen nicht gefüttert werden. Hundekot muss eingesammelt und in die Abfalltonnen geworfen werden.

Picknick und Camping: Es ist verboten, im Park Feuer zu machen. Es gibt ein Restaurant am See und einen Erfrischungsstand neben dem Konzertpavillon (vergl. Karte der Parkanlagen).
Alle Abfälle müssen in die Abfalltonnen geworfen werden.
Lärm und laute Musik sind nicht erlaubt.
Das Übernachten im Park ist nicht gestattet, es dürfen keine Zelte aufgebaut werden.
Das Wasser in allen Brunnen und Fontänen im Park ist nicht trinkbar. Neben dem Konzertpavillon gibt es einen Trinkwasserspender (vergl. Karte der Parkanlagen).

Winterdienst: In den Wintermonaten werden die Parkwege nicht geräumt. Bei Schnee und Frost betreten die Besucher den Park und die Parkwege auf eigene Verantwortung. Schlittenfahren und Skilaufen ist im Park nicht gestattet. Es ist streng verboten, die Eisfläche des Sees zu betreten, auch wenn der See zugefroren ist.

Werbung und Demonstrationen: Das Anbringen von Plakaten, Schildern oder anderen Werbeträgern ist im Park nicht gestattet. Jede Art von Reklame ist im Park verboten. Demonstrationen dürfen nicht stattfinden.
Fotografieren ist im Park grundsätzlich erlaubt, allerdings müssen Film- oder Fernsehaufnahmen im Park rechtzeitig beantragt werden.
Modefotografen und Hochzeitsfotografen werden gebeten, sich auf die ausgewiesenen Plätze und Wege zu beschränken. Die Pflanzen, Blumen und Tiere dürfen nicht beschädigt oder gestört werden.

Antwortbogen Lesen

Teil 1

	Richtig	Falsch
1	☐	☐
2	☐	☐
3	☐	☐
4	☐	☐
5	☐	☐
6	☐	☐

Teil 2

	A	B	C
7	☐	☐	☐
8	☐	☐	☐
9	☐	☐	☐
10	☐	☐	☐
11	☐	☐	☐
12	☐	☐	☐

Teil 3

	A	B	C	D	E	F	G	H	I	J	O
13	☐	☐	☐	☐	☐	☐	☐	☐	☐	☐	
14	☐	☐	☐	☐	☐	☐	☐	☐	☐	☐	
15	☐	☐	☐	☐	☐	☐	☐	☐	☐	☐	
16	☐	☐	☐	☐	☐	☐	☐	☐	☐	☐	
17	☐	☐	☐	☐	☐	☐	☐	☐	☐	☐	
18	☐	☐	☐	☐	☐	☐	☐	☐	☐	☐	
19	☐	☐	☐	☐	☐	☐	☐	☐	☐	☐	

LÖSUNGEN 1–19: _____ *Punkte*

Teil 4

	Ja	Nein
20	☐	☐
21	☐	☐
22	☐	☐
23	☐	☐
24	☐	☐
25	☐	☐
26	☐	☐

Teil 5

	A	B	C
27	☐	☐	☐
28	☐	☐	☐
29	☐	☐	☐
30	☐	☐	☐

LÖSUNGEN 20–30: _____ *Punkte*

GESAMTERGEBNIS LESEN: _____ *Punkte*

Hören*

Die Prüfung *Zertifikat B1 Hören* enthält vier Teile und dauert circa 35 Minuten.
Sie hören in der Prüfung insgesamt neun verschiedene Texte und lösen dazu 30 Aufgaben.
Sie hören immer zuerst die Nummer der Aufgabe, danach haben Sie einige Sekunden Zeit, die Fragen zu lesen.
Nutzen Sie diese Lesezeit!
Danach hören Sie sechs Ansagen, einen Vortrag, einen Dialog und eine Diskussion.
Sieben Texte hören Sie zweimal, zwei Texte hören Sie nur einmal.

HÖREN 1

Sie hören ein Beispiel und danach fünf kurze Texte: Mitteilungen am Telefon, Durchsagen am Bahnhof, auf dem Flugplatz, im Zug, im Supermarkt usw. und Nachrichten. Sie hören die Texte **zweimal**. Zu jedem Text lösen Sie zwei Aufgaben.

TIPP 1 Die Aufgaben verstehen
Die erste Aufgabe bezieht sich auf den Inhalt des Hörtextes. In der zweiten Aufgabe wird eine bestimmte Information gesucht.
Achten Sie auf Zahlen und auf Angaben zu Ort und Zeit.

TIPP 2 Schwierige Wörter
Wenn Sie ein Wort nicht verstehen, ist das kein Problem.
Konzentrieren Sie sich nur auf die Aufgaben!

TIPP 3 Nur eine Lösung
Es gibt nur eine richtige Lösung.
Sie dürfen bei jeder Aufgabe nur ein Kreuz machen!

TIPP 4 Erst lesen, dann hören.
Sehen Sie sich das Beispiel (0) an. Lesen Sie die Aufgabe und markieren Sie die wichtigsten Wörter:
am Abend, *einen Film sehen*, *heute nicht*, *erst spät am Abend*, *nur mit Marcus und Silke*.

....

🔊 1 **Sie hören nun fünf kurze Texte. Sie hören jeden Text zweimal.**
Zu jedem Text lösen Sie zwei Aufgaben.
Wählen Sie bei jeder Aufgabe 1–10 die richtige Lösung.
Lesen Sie zuerst das Beispiel. Dazu haben Sie 10 Sekunden Zeit.

*Hörtexte als Download unter www.hueber.de/schritte-international-neu

Hören

Beispiel:

01 Matthias möchte am Abend einen Film sehen.   ☒ Richtig   ☐ Falsch

02 Matthias kann
- a heute nicht ins Kino gehen.
- ☒ b erst spät am Abend ins Kino gehen.
- c nur mit Marcus und Silke ins Kino gehen.

Text 1

1 Viele Unfälle passieren, weil Autofahrer nicht auf der richtigen Straßenseite fahren.   ☐ Richtig   ☐ Falsch

2 Die Polizei bittet die Autofahrer,
- a die Nachrichten im Radio zu beachten.
- b langsam zu fahren.
- c die Polizei zu informieren.

Text 2

3 Sie hören einen Veranstaltungstipp für Klagenfurt.   ☐ Richtig   ☐ Falsch

4 Die Konzerte finden
- a das ganze Jahr über statt.
- b sonntags in den Wintermonaten statt.
- c dieses Jahr nicht statt.

Text 3

5 Sie hören einen Bericht über Norddeutschland.   ☐ Richtig   ☐ Falsch

6 Am Sonntag ist das Wetter
- a wie am Samstag.
- b fast immer trocken.
- c nicht sonnig, sondern regnerisch.

Text 4

7 Herr Winz informiert Frau Pretsch über Sommerkleider.   ☐ Richtig   ☐ Falsch

8 Frau Pretsch
- a kann ihr Kleid abholen.
- b bekommt ein Kleid der Sommerkollektion.
- c soll ein neues Kleid kaufen.

Text 5

9 Die Information ist für alle Menschen, die Richtung Hamburg fahren wollen.   ☐ Richtig   ☐ Falsch

10 Der Zug von Frankfurt nach Hamburg
- a kommt erst später.
- b fährt von Gleis 9.
- c kommt nicht mehr.

Hören

HÖREN 2

In Teil 2 hören Sie einen Vortrag, wie ihn z. B. ein Reiseführer hält, bevor er die Gruppe durch ein Museum oder eine Stadt führt. Sie hören den Text nur einmal.
Beim Hören sollen Sie fünf Aufgaben lösen.

TIPP Die Reihenfolge beachten

Sie müssen die Aufgaben lösen, während Sie den Text hören.
Die Informationen erscheinen im Text in der Reihenfolge der Aufgaben.

....

🔊 2 Sie hören nun einen Text. Sie hören den Text **einmal**. Dazu lösen Sie fünf Aufgaben.
Wählen Sie bei jeder Aufgabe die richtige Lösung a , b oder c .
Lesen Sie jetzt die Aufgaben 11 bis 15. Dazu haben Sie 60 Sekunden Zeit.

Sie nehmen an einer Führung durch das Stadtzentrum von Dresden teil.

11 Das Wetter in Dresden ist	a kalt und regnerisch.
	b mild und trocken.
	c bedeckt.
12 Die Führung beginnt	a vor einer Kirche.
	b vor einem Museum.
	c in der Oper.
13 Wo essen die Teilnehmer zu Mittag?	a An der Elbe.
	b In einem Restaurant.
	c Im Museumscafé.
14 Am Nachmittag	a gehen sie sofort ins Hotel.
	b gehen sie spazieren.
	c besichtigen sie die Oper.
15 Was macht die Gruppe am Abend?	a Sie isst im Restaurant.
	b Sie geht ins Theater.
	c Sie fährt in eine andere Stadt.

Hören

HÖREN 3

In Teil 3 hören Sie ein informelles Gespräch. Zwei Personen sprechen über ein Thema aus dem täglichen Leben: ein Fest, einen Ferienaufenthalt, einen Betriebsausflug usw.
Sie hören das Gespräch nur einmal.
Beim Hören oder nach dem Hören sollen Sie sieben Aufgaben lösen.

TIPP Den Inhalt verstehen

Konzentrieren Sie sich auf den Inhalt des Gesprächs.
In den Aufgaben geht es um ganz konkrete Informationen.
Überlegen Sie: Habe ich das gehört oder nicht?

🔊 3 Sie hören nun ein Gespräch. Sie hören das Gespräch **einmal**. Dazu lösen Sie sieben Aufgaben.
Wählen Sie: Sind die Aufgaben Richtig oder Falsch ?
Lesen Sie jetzt die Aufgaben 16 bis 22. Dazu haben Sie 60 Sekunden Zeit.

Sie sitzen in der U-Bahn und hören, wie sich ein junger Mann und eine junge Frau über Arbeit und Studium unterhalten.

16	Stefan lebt seit zwei Jahren in München.	Richtig	Falsch
17	Melanie ist Azubi in einem kleinen Hotel.	Richtig	Falsch
18	Melanie möchte in Zukunft neue Städte und Hotels kennenlernen.	Richtig	Falsch
19	Stefan fährt jedes Wochenende nach Hause.	Richtig	Falsch
20	Stefan arbeitet als Kellner in einem Biergarten.	Richtig	Falsch
21	Stefan hat nicht viel Freizeit.	Richtig	Falsch
22	Melanie wohnt im Hotel.	Richtig	Falsch

Hören

HÖREN 4

In Teil 4 hören Sie eine Diskussion über ein Thema aus dem täglichen Leben:
über die Frage, ob man heute noch heiraten soll, oder darüber, ob Kinder ein Handy haben sollen, und Ähnliches.
Sie hören die Diskussion zweimal.
Beim Hören oder danach sollen Sie acht Aufgaben lösen.

TIPP Auf Wiederholungen achten

Oft wiederholen die Teilnehmer in einer Diskussion ihre Meinung.
Sie tun es aber vielleicht mit anderen Worten.

....

4 Sie hören nun eine Diskussion. Sie hören die Diskussion **zweimal**.
Dazu lösen Sie acht Aufgaben.
Ordnen Sie die Aussagen zu: **Wer sagt was?**
Lesen Sie jetzt die Aussagen 23 bis 30. Dazu haben Sie 60 Sekunden Zeit.

Die Moderatorin der Radiosendung „Aktuelle Themen" diskutiert mit der Bahnreisenden Antonia Schicker und dem Busunternehmer Peter Krisch zum Thema „Mit dem Fernbus oder der Bahn reisen?"

		Moderatorin	Frau Schicker	Herr Krisch
Beispiel:				
0	Frau Schicker arbeitet im Informatikbereich.	☒ a	b	c
23	Man kann auch mit dem Bus lange Strecken fahren.	a	b	c
24	Mit dem Bus kommt man manchmal zu spät am Ziel an.	a	b	c
25	Busreisen sind 30% billiger als Bahnreisen.	a	b	c
26	Das Angebot der Busreisen ist für ältere Menschen sehr interessant.	a	b	c
27	Busreisen sind auf langen Strecken gut für das Klima.	a	b	c
28	Circa 50 Personen können mit einem Bus fahren.	a	b	c
29	Die Busreise muss mindestens eine Stunde dauern.	a	b	c
30	Ich bin es gewohnt, mit der Bahn zu fahren.	a	b	c

Hören

TIPP Nach dem Hören

Übertragen Sie Ihre Lösungen auf den Antwortbogen. Sie haben dafür ein paar Minuten Zeit.
Machen Sie bei jeder Nummer nur ein Kreuz.
Haben Sie einen Text oder eine Aufgabe nicht richtig verstanden?
Antworten Sie trotzdem. Vielleicht ist Ihre Lösung ja richtig.

Antwortbogen Hören

Teil 1

	Richtig	Falsch
1	☐	☐

	A	B	C
2	☐	☐	☐

	Richtig	Falsch
3	☐	☐

	A	B	C
4	☐	☐	☐

	Richtig	Falsch
5	☐	☐

	A	B	C
6	☐	☐	☐

	Richtig	Falsch
7	☐	☐

	A	B	C
8	☐	☐	☐

	Richtig	Falsch
9	☐	☐

	A	B	C
10	☐	☐	☐

Teil 2

	A	B	C
11	☐	☐	☐
12	☐	☐	☐
13	☐	☐	☐
14	☐	☐	☐
15	☐	☐	☐

LÖSUNGEN 1–15: _____ *Punkte*

Teil 3

	Richtig	Falsch
16	☐	☐
17	☐	☐
18	☐	☐
19	☐	☐
20	☐	☐
21	☐	☐
22	☐	☐

Teil 4

	A	B	C
23	☐	☐	☐
24	☐	☐	☐
25	☐	☐	☐
26	☐	☐	☐
27	☐	☐	☐
28	☐	☐	☐
29	☐	☐	☐
30	☐	☐	☐

MUSTER

LÖSUNGEN 16–30: _____ *Punkte*

GESAMTERGEBNIS HÖREN: _____ *Punkte*

ANTWORTBOGEN HÖREN 25

Schreiben

Die Prüfung *Zertifikat B1 Schreiben* enthält drei Teile und dauert 60 Minuten. In den Aufgaben SCHREIBEN 1 und 3 schreiben Sie E-Mails. In der Aufgabe 2 schreiben Sie einen Diskussionsbeitrag. Sie können mit jeder Aufgabe beginnen.
Schreiben Sie Ihre Texte auf den Antwortbogen.

SCHREIBEN 1

Sie sollen eine E-Mail an einen Freund / eine Freundin schreiben. Sie bekommen eine Situation aus dem täglichen Leben: ein Familienfest, ein Ausflug usw. Dazu gibt es drei Inhaltspunkte. Sie sollen zu jedem Inhaltspunkt etwas schreiben.

Arbeitszeit: 20 Minuten

TIPP 1 Anrede und Schluss

Sie schreiben an einen Freund / eine Freundin: Schreiben Sie sofort die passende Anrede und den passenden Gruß auf den Antwortbogen. Schreiben Sie auch Ihren Namen darunter.

TIPP 2 Die Inhaltspunkte beachten

Schreiben Sie auf dem Aufgabenblatt neben jeden Inhaltspunkt einige Wörter, die Sie benutzen wollen. Danach schreiben Sie die E-Mail auf den Antwortbogen.
Ändern Sie nicht die Reihenfolge der Inhaltspunkte!

TIPP 3 Die Sätze verbinden

Denken Sie daran, Ihre Sätze zu verbinden. Benutzen Sie Wörter wie *hoffentlich*, *leider*, *deshalb*, *außerdem* usw.

Sie haben vor drei Tagen an der Abschiedsparty für Ihre Kollegin Susanne teilgenommen. Ihr Freund / Ihre Freundin arbeitet auch in der Firma. Er / Sie konnte nicht zu der Party kommen, weil er / sie krank war.

- Beschreiben Sie: Wie war die Party?
- Begründen Sie: Warum hat Susanne das Abschiedsgeschenk so gut gefallen?
- Machen Sie den Vorschlag, Ihren Freund / Ihre Freundin zu besuchen.

Schreiben Sie eine E-Mail (circa 80 Wörter).
Schreiben Sie etwas zu allen drei Punkten.
Achten Sie auf den Textaufbau (Anrede, Einleitung, Reihenfolge der Inhaltspunkte, Schluss).

Schreiben

SCHREIBEN 2

Sie sollen einen Diskussionsbeitrag zu einem Thema aus dem täglichen Leben schreiben.
Sie bekommen dazu ein Thema und einen kurzen Beitrag von einem anderen Diskussionsteilnehmer.

Arbeitszeit: 25 Minuten

TIPP 1   **Zuerst lesen**

Lesen Sie den Beitrag im Gästebuch: Welche Meinung vertritt der/die Teilnehmende?
Sind Sie mit dieser Meinung einverstanden?

TIPP 2   **Die Meinung begründen**

Sagen Sie Ihre Meinung deutlich!
Sagen Sie, warum Sie diese Meinung vertreten. Geben Sie konkrete Beispiele.

....

**Sie haben im Fernsehen eine Diskussionssendung zum Thema „Kinder und Internet"
gesehen. Im Online-Gästebuch der Sendung finden Sie folgende Meinung:**

Sina | 10.04., 17.20 Uhr

Klar, dass ich das Internet nicht nur für meine Hausaufgaben oder die neuesten Nachrichten benutze. Es gibt ein paar tolle Spiele, da machen auch meine Freunde mit. Aber länger als eine Stunde am Tag spiele ich sicher nicht. Darauf will ich auch nicht verzichten, irgendwann muss jeder Mensch doch auch mal entspannen, oder?

Schreiben Sie nun Ihre Meinung (circa 80 Wörter).

Schreiben

SCHREIBEN 3

Sie sollen eine E-Mail an eine Person schreiben, mit der Sie nicht befreundet sind.
Sie bekommen eine Situation und sollen schriftlich reagieren.

Arbeitszeit: 15 Minuten

TIPP 1 **Anrede und Schluss**

Sie schreiben an eine Person: Schreiben Sie sofort die passende Anrede und den passenden Gruß auf den Antwortbogen. Schreiben Sie auch Ihren Namen darunter.

TIPP 2 **Die Sätze verbinden**

Denken Sie daran, Ihre Sätze zu verbinden. Benutzen Sie Wörter wie *hoffentlich, leider, deshalb, außerdem* usw.

Ein Hotelbesitzer, Herr Richter, hat Sie zu einem Gespräch eingeladen. Sie sollen ihm bei der Einrichtung seiner neuen Homepage helfen. Zu dem Termin können Sie aber nicht kommen.

Schreiben Sie an Herrn Richter, entschuldigen Sie sich **höflich** und erklären Sie, warum Sie nicht kommen können, und bitten Sie um einen neuen Termin.

Schreiben Sie eine E-Mail (circa 40 Wörter).
Vergessen Sie nicht die Anrede und die Grußformel am Schluss.

TIPP **Nach dem Schreiben**

Haben Sie die Anrede und die Grußformeln in SCHREIBEN 1 und 3 beachtet?
Haben Sie schwierige Wörter richtig geschrieben?
Kann der Prüfer/die Prüferin Ihre Texte lesen?

Sprechen

Die Prüfung *Zertifikat B1 Sprechen* besteht aus drei Teilen. Sie sprechen mit einem/einer anderen Teilnehmenden und zwei Prüfenden. Sie sollen mit Ihrem Partner / Ihrer Partnerin etwas planen, Sie sollen eine Präsentation zu einem Thema vortragen, danach sollen Sie Fragen stellen und Fragen beantworten.

Die Vorbereitungszeit beträgt 15 Minuten. Sie bereiten sich allein vor. Hilfsmittel wie Wörterbücher oder Mobiltelefone sind nicht erlaubt.

SPRECHEN 1: GEMEINSAM ETWAS PLANEN

Sie sollen mit Ihrer Partnerin / Ihrem Partner gemeinsam etwas planen: einen gemeinsamen Ausflug, ein Fest usw.
In der Vorbereitung bekommen Sie ein Thema und einige Inhaltspunkte.
Sie können Notizen machen, aber während der Prüfung sollen Sie frei sprechen.

TIPP 1 Notizen machen

Notieren Sie zu jedem Inhaltspunkt einen Vorschlag. Überlegen Sie, warum Sie diesen Vorschlag gut finden.

TIPP 2 Vorschläge machen

Sie sollen Vorschläge machen und auf die Vorschläge Ihres Partners / Ihrer Partnerin reagieren. Überlegen Sie immer: Welcher Vorschlag ist besser?

TIPP 3 Fragen stellen

Es ist wichtig, dass beide Partner sprechen. Wenn Ihre Partnerin / Ihr Partner sehr wenig sagt, stellen Sie Fragen!

TIPP 4 Um Wiederholung bitten

Wenn Sie etwas nicht verstanden haben, fragen Sie: Können Sie das bitte wiederholen? Wie meinst du das? Ich habe das nicht verstanden.

....

Eine Freundin aus einem anderen Land kommt zu Besuch in Ihre Stadt. Zusammen mit Ihrer Partnerin / Ihrem Partner wollen Sie für die Freundin einen interessanten Tag planen.

Sprechen Sie über die Punkte unten, machen Sie Vorschläge und reagieren Sie auf die Vorschläge Ihrer Partnerin / Ihres Partners.
Planen und entscheiden Sie gemeinsam, was Sie tun möchten.

> Ein Tag mit einer Freundin in unserer Stadt:
> - Wo und wann abholen? (Bahnhof, Flughafen ...)
> - Wie bewegen wir uns in der Stadt?
> - Was wollen wir zeigen? Wer macht die Touristenführung?
> - Was essen wir mittags? Was machen wir abends?
> - ... ...

Sprechen

SPRECHEN 2: EIN THEMA PRÄSENTIEREN

Sie sollen Ihren Zuhörern ein aktuelles Thema präsentieren.
In der Vorbereitung können Sie aus drei Vorschlägen ein Thema für eine Präsentation wählen.
Zu diesem Thema gibt es fünf Inhaltspunkte (Folien): Vorstellung des Themas, meine Erfahrungen, Situation im Heimatland, Vor- und Nachteile & meine Meinung, Abschluss & Dank.
Sie können zu allen Punkten Notizen machen, sollen aber in der Prüfung frei sprechen.

TIPP 1 Ein Thema wählen

Wählen Sie in der Vorbereitung ein Thema, das für Sie persönlich wichtig ist. Wenn Sie etwas aus Ihrem Leben erzählen können, wird Ihre Präsentation lebendig und interessant.

TIPP 2 Reihenfolge beachten

Bleiben Sie bei der vorgegebenen Reihenfolge:
1. Vorstellung der Präsentation,
2. meine Erfahrungen,
3. die Situation im Heimatland,
4. Vorteile und Nachteile, meine Meinung,
5. Abschluss.
Üben Sie diesen Ablauf der Präsentation!

TIPP 3 Die eigene Meinung sagen

Im Teil 4 der Präsentation sollen Sie Ihre eigene Meinung sagen. Sagen Sie in diesem Teil der Präsentation sehr deutlich, was Sie zu dem Thema denken.

TIPP 4 Bestimmte Äußerungen lernen

Die Redemittel zu den Inhaltspunkten 1 und 5 der Präsentation können Sie auswendig lernen (vergl. Redemittel *Sprechen 3*, S. 40).

Sprechen

Sie sollen Ihren Zuhörern ein aktuelles Thema präsentieren. Dazu finden Sie hier fünf Folien. Folgen Sie den Anweisungen links und schreiben Sie Ihre Notizen und Ideen rechts daneben.

Stellen Sie Ihr Thema vor. Erklären Sie den Inhalt und die Struktur Ihrer Präsentation.

„Ich will allein Auto fahren!"
Führerschein mit 16?

Berichten Sie von Ihrer Situation oder von einem Erlebnis im Zusammenhang mit dem Thema.

Führerschein mit 16?
Meine persönlichen Erfahrungen

Berichten Sie von der Situation in Ihrem Heimatland und geben Sie Beispiele.

Führerschein mit 16?
Wann kann man in meinem Heimatland den Führerschein machen?

Nennen Sie die Vor- und Nachteile und sagen Sie dazu Ihre Meinung. Geben Sie auch Beispiele.

Führerschein mit 16?
Vor- und Nachteile & Meine Meinung

Beenden Sie Ihre Präsentation und bedanken Sie sich bei den Zuhörern.

Führerschein mit 16?
Abschluss & Dank

Sprechen

SPRECHEN 3: ÜBER EIN THEMA SPRECHEN

Sie sollen nach Ihrer Präsentation auf Rückmeldung und Fragen reagieren, die von Ihrem Partner / Ihrer Partnerin und den Prüfenden gestellt werden.
Außerdem sollen Sie nach der Präsentation Ihres Partners / Ihrer Partnerin eine Rückmeldung geben und eine Frage stellen.
Ihr Partner / Ihre Partnerin spricht über ein anderes Thema als Sie selbst.

TIPP 1 Verteidigen Sie Ihre Meinung
Sie haben in Ihrer Präsentation eine bestimmte Meinung geäußert. Ändern Sie Ihre Meinung nicht. Begründen Sie auf Nachfragen Ihre Meinung noch einmal genauer.

TIPP 2 Gut zuhören
Während Ihr Partner / Ihre Partnerin spricht, hören Sie zu und überlegen, was Sie zu dieser Präsentation noch fragen möchten.

TIPP 3 Höflich bleiben
Wenn Ihnen die Präsentation Ihres Partners / Ihrer Partnerin gut gefallen hat, dann sagen Sie das. Wenn Ihnen die Präsentation nicht gefallen hat, sprechen Sie einen Dank aus, sagen Sie z. B.: „Herzlichen Dank für die Präsentation".

TIPP 4 Bestimmte Äußerungen lernen
Für die Rückmeldung nach einem Vortrag und für die Reaktion auf eine Rückmeldung gibt es bestimmte Redemittel, die Sie auswendig lernen können (vergl. Redemittel *Sprechen 3*, S. 40).

TIPP 5 Gemeinsam üben
Üben Sie die mündliche Prüfung unbedingt mit einem Partner / einer Partnerin. Wählen Sie verschiedene Themen und spielen Sie die ganze Prüfung Sprechen wie ein Theaterstück vor Publikum.

Nach Ihrer Präsentation:
Reagieren Sie auf die Rückmeldung und Fragen der Prüfer/-innen und des Gesprächspartners / der Gesprächspartnerin.

Nach der Präsentation Ihres Partners / Ihrer Partnerin:
- Geben Sie eine Rückmeldung zur Präsentation Ihres Partners / Ihrer Partnerin (z. B. wie Ihnen die Präsentation gefallen hat, was für Sie neu oder besonders interessant war usw.).
- Stellen Sie eine Frage zur Präsentation Ihres Partners / Ihrer Partnerin.

Transkriptionen

HÖREN 1

Beispiel:
Hallo Anka, hier spricht Matthias. Wir wollen doch heute Abend ins Kino gehen und uns den neuen Film von Woody Allen ansehen. Leider können wir erst in die Spätvorstellung gehen, weil ich noch bis 20.00 Uhr arbeiten muss. Ich hoffe, das ist okay für dich. Marcus und Silke kommen auch mit. Die habe ich heute Mittag getroffen. Am besten treffen wir uns alle direkt vor dem Kino. Das wäre super. Ruf mich doch bitte kurz zurück oder hinterlass eine Nachricht. Ciao.

Text 1
Der deutsche Automobilclub ADAC hat bekannt gegeben, dass im Jahr rund 20 Menschen auf deutschen Autobahnen durch Unfälle mit Falschfahrern sterben. Wenn Ihnen auf der Autobahn so ein Falschfahrer entgegenkommt, also ein Auto auf Ihrer Fahrbahn, das in die falsche Richtung fährt, rufen Sie bitte sofort die Polizei an. 3 % aller tödlichen Unfälle auf Autobahnen werden auf diese Weise verursacht. Weiter gibt der ADAC an, dass es circa 2.800 Meldungen über Falschfahrer auf deutschen Straßen gibt und die meisten davon auf Autobahnen. Die Polizei bittet die Autofahrer sehr aufmerksam zu sein, sie sollen vor allem die Warnmeldungen im Radio sehr ernst nehmen.

Text 2
Sie waren ein großer Erfolg in der Wintersaison und deshalb kündigt die Kulturabteilung der Stadtverwaltung Klagenfurt an, dass auch in diesem Jahr die sonntäglichen Konzertnachmittage wieder stattfinden. Die Konzerte beginnen am 18. November um 17.00 Uhr im Konzertsaal der Stadt. Der Eintritt kostet in diesem Jahr sechs Euro. Auch in dieser Saison wird das Publikum wieder mit guter Musik verwöhnt werden. Das Programm ist reich an bekannten Trios, Instrumentalsolisten und kleinen Orchestern. Man hofft auf ähnliche Besucherzahlen wie im letzten Jahr.

Text 3
Und nun das Wetter für dieses Wochenende. Am Samstag gibt es im Norden und Nordosten zunächst noch Sonnenschein, nur an der Nordsee treten bei dichten Wolken gewittrige Schauer auf. Freundlich mit sonnigen Abschnitten ist es auch im Süden, dort bleibt es tagsüber trocken. Am Sonntag ist es im ganzen Land stark bewölkt mit teilweise kräftigen Regenfällen. Gegen Abend lockert es überall wieder auf. Die Temperaturen liegen bei 7 bis milden 18 Grad.

Text 4
Hallo Frau Pretsch, hier spricht Peter Winz vom Modehaus „Stecken". Leider ist das Kleid, das Sie gestern in Größe 42 bestellt haben, nicht mehr lieferbar. Es ist nicht mehr in Produktion, da der Hersteller schon mit der Sommerkollektion begonnen hat. Wir bedauern das sehr und möchten Sie einladen, eventuell ein anderes Modell bei uns auszusuchen. Da Sie eine Stammkundin sind, würden wir Ihnen einen Nachlass von 15 % gewähren, wenn Sie ein anderes Modell nehmen.

Text 5
Achtung, Achtung an Gleis 9. Wegen der Verspätung des ICE 882 von Frankfurt nach Hamburg, planmäßige Abfahrtszeit 11.56 Uhr von Gleis 9, bitten wir Sie, sich umgehend an das gegenüber liegende Gleis 10 zu begeben. Der ICE 882 nach Hamburg über Hannover wird in etwa 12 Minuten von Gleis 10 abfahren. Auf Gleis 9 erwarten wir die Durchfahrt des ICE 787 nach Würzburg. Seien Sie bitte vorsichtig am Bahnsteig und bleiben Sie hinter der markierten Linie.

Transkriptionen

HÖREN 2

Liebe Gäste, ich begrüße Sie im Namen der Stadt Dresden ganz herzlich zu Ihrem zweitägigen Besuch unserer Stadt. Sie werden sehen, eine Reise nach Dresden ist immer ein Erlebnis. Mein Name ist Annette Griesch, ich bin Dresdnerin und wohne hier in einem Altbau direkt in der Innenstadt. Es ist eine große Freude für mich, Sie einen Tag lang durch meine Heimatstadt zu führen. Sogar das Wetter meint es gut mit uns, es ist kein Regen angesagt und so können wir die Stadt bei strahlend blauem Himmel genießen. Auch die Temperaturen des herbstlichen Oktobers bleiben bei unserem Stadtrundgang sehr angenehm. Wir stehen hier vor der Frauenkirche, die wir gleich besichtigen werden. Sie wurde im Krieg von den Bomben zerstört und vor wenigen Jahren originaltreu wieder aufgebaut. Die Stadt hat wirklich viele Sehenswürdigkeiten zu bieten und sicher können wir nicht alle Kirchen und Museen besuchen. So gehen wir nach der Besichtigung der Kirche hinüber in das Museum der Altstadt. Auch das Museum wurde nach dem letzten Krieg wieder neu aufgebaut, es ist außerdem eins der reichsten in Europa. Von dort bummeln wir durch die Altstadt in ein nahegelegenes Restaurant, denn dann wird es sicher Zeit für ein gutes Mittagessen. Gleich nach dem Essen machen wir einen kleinen Spaziergang an der Elbe entlang, die nicht nur ein wichtiger Wasserweg ist, sondern auch sehr romantische Ecken bietet. Sie können am Fluss entlang spazieren gehen oder einfach dort verweilen und die Aussicht genießen. Eine Stunde später gehen wir dann zurück zum Theaterplatz, dort finden wir einen weiteren Höhepunkt unseres Rundgangs, und zwar die Semperoper, in der wir um 15.00 Uhr einen Besichtigungstermin haben. Sie wurde so nach dem Namen des berühmten Architekten Semper benannt. Anschließend begleite ich Sie zurück zu Ihrem Hotel, damit Sie sich vor dem Abendessen noch etwas ausruhen können. Morgen, gegen 8.00 Uhr, fahren wir ja mit dem Bus nach Meißen, die Stadt der Porzellanmanufaktur, da müssen Sie früh aufstehen. Deshalb haben wir unseren Theaterbesuch auch erst für morgen geplant. Heute treffen wir uns um 19.00 Uhr im Hotel und gehen gemeinsam in ein Restaurant. Das sind etwa 10 Minuten zu Fuß. Da lassen wir uns mit Spezialitäten aus der Region verwöhnen, vielleicht nehmen Sie eine Kartoffelsuppe oder einen Sauerbraten, natürlich werden Sie dort auch Fischspezialitäten finden. Folgen Sie mir bitte jetzt in die Kirche, unsere Führung beginnt.

HÖREN 3

Stefan: Hallo Melanie, schön dich hier in der U-Bahn zu treffen. Wir haben uns schon lange nicht mehr gesehen.
Melanie: Ja Stefan, ich bin ganz überrascht, dich hier zu sehen. Was machst du denn in München?
S: Ich bin erst im Oktober nach München gekommen. Ich will hier Informatik studieren. Und du? Bist du schon lange hier?
M: Für mich ist es jetzt das zweite Jahr in der Großstadt. Ich habe sofort nach der Schule einen Ausbildungsplatz gefunden. Ich mache eine Lehre in einem großen Hotel, hier lerne ich Theorie und Praxis, das ist sehr interessant. Ich hoffe, anschließend auch in verschiedenen Hotels arbeiten zu können. Du weißt doch, meine Eltern haben ein Hotel in den Bergen und da muss ich später mithelfen. Vorher möchte ich aber noch andere Städte und Hotels sehen.
S: Wie immer, du weißt ganz genau, was du willst. Bei mir ist das nicht so einfach. Mein Studium macht mir Spaß, aber es kostet auch viel Geld. Eigentlich brauche ich eine Arbeit, aber ich habe kaum Zeit.
M: Frag doch mal an der Uni, vielleicht findest du da einen Job für dich. Es gibt dort manchmal

Transkriptionen

auch Angebote von Biergärten oder Cafés für nur 18 oder 20 Stunden die Woche. Das kannst du sicher neben dem Studium schaffen.
S: Ich habe ja schon einen Job als Trainer in einem Fitnessclub. Der Job passt eigentlich nicht zu meinem Studium, aber das ist nicht so wichtig. Ich arbeite dreimal pro Woche am Abend. Das bedeutet aber auch Stress, es ist einfach hart am nächsten Morgen in die Uni zu gehen und den Professoren zuzuhören. Und ich habe natürlich überhaupt keine Freizeit mehr. Deshalb fahre ich auch nur ganz selten nach Hause zu meiner Familie.
M: Schade, manchmal ist die Studienzeit schon etwas schwierig. Hast du denn wenigstens schon ein Zimmer gefunden?
S: Ja, das habe ich. Ich wohne im Studentenwohnheim. Es gefällt mir, denn dort leben viele Studenten und es ist immer was los. Man kann mit anderen Studenten reden, zusammen etwas kochen und essen. Und du?
M: Cool, ich wohne im Hotel, dort gibt es auch Zimmer für das Personal. Es ist klein, aber ganz gemütlich. Du kannst dir vorstellen, dass ich als Azubi auch nicht viel verdiene, aber es reicht.
S: Ich bin jetzt gleich am Ziel, gib mir deine Handynummer, dann können wir uns vielleicht mal verabreden oder zusammen ins Kino gehen.

HÖREN 4

Liebe Hörerinnen und Hörer, einen wunderschönen Abend wünscht Ihnen auch heute Carola Schneider. Ich begrüße Sie herzlich zu unserem Gespräch zum Thema „Fernbus oder Bahn – Welches Verkehrsmittel ist für lange Strecken am besten?"
In unserem Studio begrüße ich zunächst Frau Antonia Schicker, sie ist Informatikkauffrau und Bahnreisende, weil sie jeden Tag aus beruflichen Gründen zu ihrem Arbeitsplatz nach Hamburg fährt, der 65 Kilometer von ihrem Wohnort entfernt ist und Herrn Peter Krisch, er ist ein Busunternehmer aus Würzburg. Ab 2013 dürfen in Deutschland auch Busunternehmen Strecken ab mindestens 50 Kilometern oder einer Stunde Reisezeit anbieten. Das heißt, Sie können zum Beispiel von Köln nach Hamburg oder von Berlin nach München auch mit dem Bus fahren. Viele Städte kann man dann mit dem Bus besonders günstig erreichen. Man ist also nicht mehr gezwungen, mit der Bahn oder dem Auto zu fahren, sondern hat jetzt auch die Wahl, mit dem Bus zu reisen. Frau Schicker, Sie haben sich jedoch eindeutig für die Bahn entschieden.
Fr. S: Ja natürlich, ich fahre jeden Tag 65 Kilometer mit dem Zug nach Hamburg, weil ich dort arbeite. Bei meiner beruflichen Verpflichtung muss ich sicher sein, immer pünktlich an meinem Arbeitsplatz anzukommen. Mit dem Bus ist das nicht immer garantiert, da die Reisezeit von dem Straßenverkehr abhängt. Oft gibt es Staus und dann würde ich zu spät kommen.
H. K: Nun ja, die Bahn ist auch nicht immer pünktlich, immerhin ist jeder fünfte Zug im Fernverkehr zu spät und deshalb glaube ich, dass der Bus eine gute Alternative zur Bahn und vor allem zum Auto ist. Hinzu kommt, dass wir in der Lage sind, Busreisen viel kostengünstiger anzubieten. Die gleiche Strecke kostet mit dem Bus über 1/3 weniger als mit der Bahn, da ja immer circa 50 Fahrgäste im Bus sitzen.
M.: Frau Schicker, spielen für Sie die Fahrtkosten keine Rolle?
Fr. S: Selbstverständlich würde ich auch gern Fahrtkosten sparen, aber da ich ja ein Abonnement habe, ist der Unterschied nicht so groß. Außerdem ist es für mich einfach, den Bahnhof zu erreichen, und die Abfahrtzeiten sind auch ideal. Ich müsste mich erst informieren, ob das mit dem Bus genauso bequem ist. Ich glaube, dass hauptsächlich Rentner oder Studenten dieses Angebot annehmen können, sie leiden nicht so sehr unter Zeitdruck wie die arbeitende Gesellschaft.

Transkriptionen

M.: Herr Krisch, was meinen Sie, können die Busunternehmer den Fahrgästen auch ein zeitlich günstiges Angebot machen?
H. K: Aber ja, auf jeden Fall, vor allem zu den Hauptreisezeiten morgens und abends. Unser Angebot richtet sich an alle, die sich innerhalb von Deutschland bewegen müssen. Egal, ob sie zur Arbeit fahren oder nur zum Vergnügen reisen. Allerdings möchte ich auch noch darauf hinweisen, dass das Reisen mit dem Bus auf langen Strecken umweltfreundlicher ist als jedes andere Verkehrsmittel. Immerhin fahren 50 oder 60 Leute in demselben Bus und nicht mehr mit 25 oder 50 Autos und sie schonen so das Klima. Ein Beitrag zum Klimaschutz ist ja in der heutigen Zeit sehr wichtig.
M: Frau Schicker, hat Herr Krisch Sie mit seinen Argumenten überzeugen können? Werden Sie sich in Zukunft vielleicht doch die Angebote der Busunternehmen besser ansehen?
F. S: Es ist mir schon klar, dass Herr Krisch in vielen Punkten recht hat, aber für mich wäre es eine große Veränderung und ich bin mir nicht sicher, ob es sich wirklich lohnt.
M: Herr Krisch, nun bitte ich auch Sie um ein abschließendes Wort.
H. K: Ich bin davon überzeugt, dass die Fernbusse eine gute Alternative zur Bahn und zum Auto sind. Sie leisten auch einen guten Beitrag zum freien Wettbewerb. Das wirkt sich günstig auf die Preise und die Wirtschaft aus.
M.: Liebe Hörerinnen und Hörer, wir kommen nun zum Ende unserer Sendung und hoffen, Ihnen einige Anregungen zum aktuellen Thema „Fernbus oder Bahn", gegeben zu haben.

Lösungen

LESEN

TEIL 1
1. ~~Falsch~~
2. ~~Richtig~~
3. ~~Falsch~~
4. ~~Falsch~~
5. ~~Richtig~~
6. ~~Richtig~~

TEIL 2
7. a
8. c
9. c
10. c
11. c
12. b

TEIL 3
13. a
14. e
15. b
16. g
17. c
18. o
19. i

TEIL 4
20. ja
21. Nein
22. ja
23. Nein
24. Nein
25. ja
26. Nein

TEIL 5
27. c
28. b
29. b
30. c

HÖREN

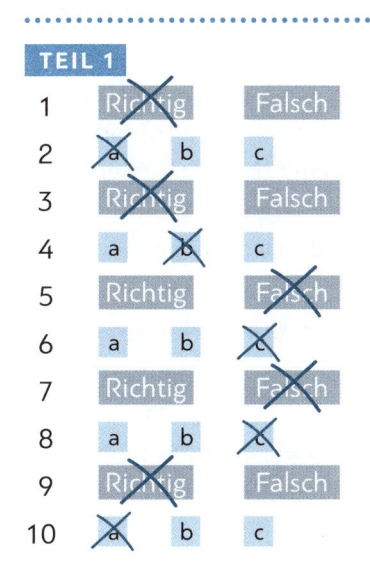

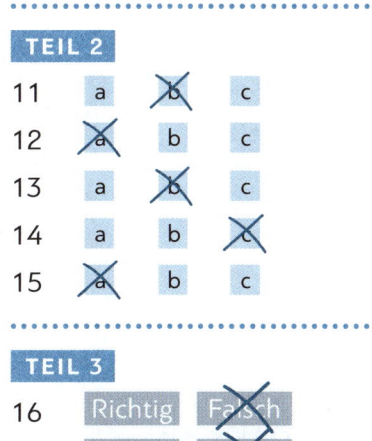

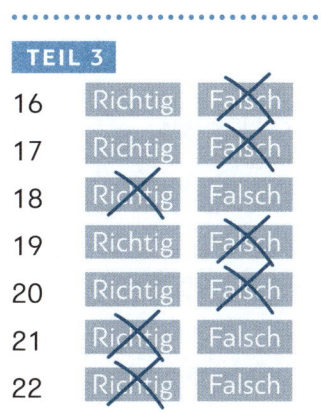

TEIL 1
1. Richtig
2. a
3. Richtig
4. b
5. Falsch
6. c
7. Falsch
8. c
9. Richtig
10. a

TEIL 2
11. b
12. a
13. b
14. c
15. a

TEIL 3
16. Falsch
17. Falsch
18. Richtig
19. Falsch
20. Falsch
21. Richtig
22. Richtig

TEIL 4
23. a
24. b
25. c
26. b
27. c
28. c
29. a
30. b

Lösungsvorschläge

SCHREIBEN 1

Hallo Jakob, wie geht es Dir? Tut das Bein noch weh? Leider hast Du die Abschiedsparty für Susanne verpasst. Der Abend war schön, die Kollegen hatten gute Laune. Zuerst haben wir gegessen und dann Musik gehört, einige haben getanzt. Als wir Susanne unser Geschenk gegeben haben, war sie begeistert von dem i-Pod. Wir hatten alle ein paar Worte oder einen Gruß aufgenommen. So wird sie uns nicht so schnell vergessen. Nun zu Dir, kann ich Dich am Wochenende besuchen? Ich bringe auch die Fotos von der Party mit.
Ciao

SCHREIBEN 2

Ich finde, Kinder und Jugendliche sollten das Internet nicht so viel benutzen und sie sollen dort auf keinen Fall spielen. Oft sind die Spiele mit Gewalt verbunden und meistens sind es sehr dumme Spiele. Es fehlt auch eine richtige Kontrolle. Die Eltern müssen kontrollieren, was ihre Kinder im Internet machen. Es gibt da so viele versteckte Gefahren, wenn Kinder online gehen. Sie sollten lieber mit ihren Freunden spielen oder an der frischen Luft Sport treiben. Das ist auf jeden Fall gesünder.

SCHREIBEN 3

Sehr geehrter Herr Richter,
vielen Dank, dass Sie wieder an mich gedacht haben. Leider ist es mir nicht möglich, am Montag um 10.00 Uhr zu Ihnen zu kommen. Ich habe schon einen Termin bei einem andern Kunden. Ich möchte Ihnen vorschlagen, dass wir uns am Nachmittag treffen. Sind Sie damit einverstanden?
Mit freundlichen Grüßen

SPRECHEN 1

Unsere Freundin Francesca kommt um 9.20 Uhr mit dem Zug an. Wir könnten sie doch beide zusammen abholen. Dann gehen wir Kaffee trinken und überlegen, was wir machen wollen. Dann kann Francesca auch selbst sagen, was sie sehen möchte.
Ich glaube, im Stadtzentrum können wir gut zu Fuß gehen. Wenn es nötig ist, können wir ja auch mit dem Bus fahren, aber ich denke, wir gehen lieber zu Fuß. Findest du das richtig?
Wenn du einverstanden bist, möchte ich am Vormittag frei sein. Ich habe noch eine Verabredung. Du könntest doch mit Francesca eine Stadtführung in der Altstadt machen und wir treffen uns zum Mittagessen wieder. Dann würde ich am Nachmittag mit Francesca ins Museum gehen. Im Stadtmuseum ist eine interessante Ausstellung. Und du bist am Nachmittag frei. Bist du damit einverstanden?
Wir könnten in dem kleinen Restaurant am Markt essen, da ist es nicht so teuer und das Essen ist gut. Es gibt auch besonders typische Gerichte aus unserer Region. Das gefällt Francesca bestimmt gut.
Wenn wir aus dem Museum kommen, bringe ich Francesca ins Hotel. Vielleicht möchte sie ja später am Abend mit uns noch einen Spaziergang machen, in einen Biergarten gehen oder so etwas. Dann könnten wir sie um acht Uhr im Hotel abholen.
Ich habe gelesen, dass es im Kleistpark ein Stadtfest gibt, mit Musik und Tanz und Straßenkünstlern. Das ist bestimmt ganz lustig. Es ist zwar ziemlich weit draußen, aber mit dem Bus geht das ganz gut. Vielleicht könnten wir am Abend dorthin fahren, was meinst du?

Lösungsvorschläge

SPRECHEN 2

Vorstellung der Präsentation:
Ich möchte das Thema „Führerschein mit 16?" präsentieren. Ich werde zuerst über meine eigenen Erfahrungen sprechen, dann über die Situation in meinem Heimatland. Danach möchte ich Ihnen erklären, was ich gut oder schlecht daran finde, wenn Jugendliche Auto fahren und meine Meinung dazu deutlich machen. Am Ende folgt dann noch der Abschluss meiner Präsentation.

Persönliche Erfahrungen:
Ich habe erst mit zwanzig Jahren den Führerschein gemacht, weil ich vorher gar kein Interesse daran hatte. Meine Familie wohnte immer in der Großstadt und es war nicht unbedingt nötig, ein Auto zu haben. Ich konnte in der Stadt immer mit der U-Bahn oder mit der Straßenbahn fahren. Und wenn wir am Wochenende zum Baden fahren oder einen Ausflug machen wollten, war immer einer von den Freunden dabei, der ein Auto hatte. Erst als ich zum Studium in eine andere Stadt ziehen musste, dachte ich, dass es schön wäre, ein Auto zu haben, aber da hatte ich leider sehr wenig Geld. Ich habe dann den Führerschein gemacht, das war ein Sonderangebot für Studenten, aber ein Auto habe ich erst gekauft, als ich eine Arbeit hatte.

Situation im Heimatland:
Bei uns zu Hause gibt es nicht in jeder Familie drei oder vier Autos, wie das in Amerika ist und manchmal vielleicht auch in Deutschland. In meiner Familie gibt es nur ein Auto, das benutzen mein Mann und ich. In den meisten Familien ist das so. Die jungen Leute haben meistens kein Auto, auch wenn sie schon einen Führerschein haben. Sie dürfen vielleicht manchmal das Auto des Vaters leihen, aber sie bekommen sicher kein Auto zum Geburtstag oder so. Deshalb gibt es auch keine große Diskussion darüber, ob die Jugendlichen den Führerschein schon mit 16 Jahren machen können oder nicht. Ab 14 Jahren darf man bei uns ein kleines Moped fahren, und das tun auch viele Jugendliche. Dafür braucht man keinen Führerschein. Allerdings denken viele Eltern, dass es gefährlich ist, Moped zu fahren. Deshalb wollen sie ihren Kindern kein Moped kaufen.

Vor- und Nachteile & meine Meinung:
Ich kann mir gut vorstellen, dass viele Jugendliche, die auf dem Land leben, sich ein Auto wünschen. Mit einem Auto kann man abends in die Stadt fahren, Freunde besuchen, ins Kino gehen. In alten amerikanischen Filmen sieht man immer, dass auch die Schüler schon Autos haben und dass das Auto eine wichtige Rolle spielt. Für 16-jährige Jugendliche bedeutet der Führerschein wahrscheinlich ziemlich viel Unabhängigkeit. Ich glaube, wenn man so früh anfängt, Auto zu fahren, bekommt man später sehr viel Sicherheit im Verkehr. Das ist die positive Seite. Es gibt aber auch Nachteile: Z. B. kann man aus der Statistik sehen, dass gerade junge Autofahrer sehr viele Unfälle haben. Man liest oft, dass Jugendliche, wenn sie nachts aus der Disko kommen und vielleicht auch Alkohol getrunken haben, auf der Autobahn sterben. Dann hört man immer wieder, dass die Eltern Schuld haben, weil sie den Kindern das Auto geliehen haben.
Ich bin der Meinung, dass junge Leute erst dann Auto fahren sollen, wenn sie sich selbst ein Auto kaufen können. Sie können schon vorher den Führerschein machen, aber lieber nicht mit 16 Jahren. Das finde ich zu früh. Ich würde meinem 16-jährigen Sohn jedenfalls kein Auto geben, und dann braucht er ja auch keinen Führerschein.

Abschluss & Dank:
Damit komme ich zum Ende meiner Präsentation. Ich danke Ihnen für Ihre Aufmerksamkeit. Möchten Sie vielleicht noch etwas fragen?

Redemittel *Sprechen 3* (Präsentation)

Rückmeldung zur Präsentation	Reaktion auf Rückmeldung
Die Präsentation hat mir sehr gut gefallen.	Das freut mich.
Das war interessant, ich habe etwas Neues gelernt.	Danke schön.
Danke schön, ich fand das sehr interessant.	Das ist gut, ich bin froh darüber.
Ich danke Ihnen für die Präsentation.	Bitte.
Herzlichen Dank für den Vortrag.	Bitte, gern.

Fragen zur Präsentation	Reaktionen auf Fragen
Sie sagen, dass junge Leute oft Unfälle haben. Aber es sind doch oft gerade die alten Menschen, die sehr schlecht und unsicher Auto fahren. Wie denken Sie darüber?	Ja, das stimmt. Alte Menschen haben vielleicht Probleme mit den Augen oder sie reagieren zu langsam. In meiner Präsentation ging es nur um Jugendliche: „Führerschein mit 16?".
Sie haben gesagt, dass Jugendliche auf dem Land ein Fahrzeug brauchen, um in die Stadt zu kommen. Aber wie sollen sie das ohne Führerschein machen?	Das ist genau das Problem. Manchmal können ältere Freunde helfen, oder die Familie. Besser ist es, wenn die öffentlichen Verkehrsmittel am Wochenende auch in der Nacht fahren.
Sie sagen, dass in Ihrem Heimatland schon 14-jährige Jugendliche ohne Führerschein Moped fahren dürfen. Ist das nicht sehr gefährlich?	Ja, ich finde das auch gefährlich. Aber meistens fahren die Jugendlichen nur auf kleinen Straßen. Ein Moped kann auch nicht schnell fahren. Es ist kein Motorrad.
Wie oft fahren Sie selbst mit dem Auto?	Das ist ganz verschieden. Zur Arbeit fahre ich immer mit dem Bus. Aber zum Einkaufen nehme ich gern das Auto, das ist bequemer. Und am Wochenende machen wir oft Ausflüge mit dem Auto.
Glauben Sie, dass 16-jährige Jugendliche noch nicht intelligent genug sind für den Führerschein?	Nein, das meine ich nicht. Ich denke nur, dass sie meistens keine Möglichkeit haben, viel mit dem Auto zu fahren. Das heißt, sie können nicht üben. Deshalb sind sie auch nicht daran gewöhnt, Auto zu fahren, und sind vielleicht unsicher.
Denken Sie, wir könnten ganz ohne Autos leben?	Das ist eine schwierige Frage. Dann müsste der öffentliche Verkehr sehr viel besser sein. Ich habe ja gesagt, dass ich in der Großstadt sehr gut ohne Auto leben kann. Aber auf dem Land kann ich mir das nicht vorstellen.
In Deutschland dürfen 17-jährige Jugendliche Auto fahren, wenn ein Erwachsener dabei ist. Finden Sie das richtig?	Ja, das ist eine gute Lösung. So können die Jugendlichen genug üben. Damit bin ich einverstanden.